This book belongs to:

ADELINA

Mirror Me...

What do you see when you look in the mirror?

I see someone who is:

All About Me...

5 Things that I love about myself

The kindest thing I've ever done was

Something I am grateful for is

All About Me...

I'm really good at

_____

_____

_____

_____

What I like to do for fun

_____

_____

_____

_____

I'm loved by

_____

_____

_____

Unicorn Word Search

B	I	M	A	G	I	C	Y	G	B
E	K	R	E	W	O	L	F	A	S
A	V	S	D	D	P	I	N	K	E
U	Y	E	D	H	R	W	A	N	D
T	R	P	I	U	E	E	V	O	L
I	Z	A	P	L	O	A	A	A	I
F	B	Y	T	A	E	L	R	M	X
U	Q	J	S	S	H	B	C	T	S
L	U	F	R	O	L	O	C	N	K
N	F	W	R	E	T	T	I	L	G

BEAUTIFUL	BELIEVE
CLOUDS	COLORFUL
DREAMS	FLOWER
GLITTER	HAPPY
HEART	LOVE
MAGIC	PINK
STAR	WAND

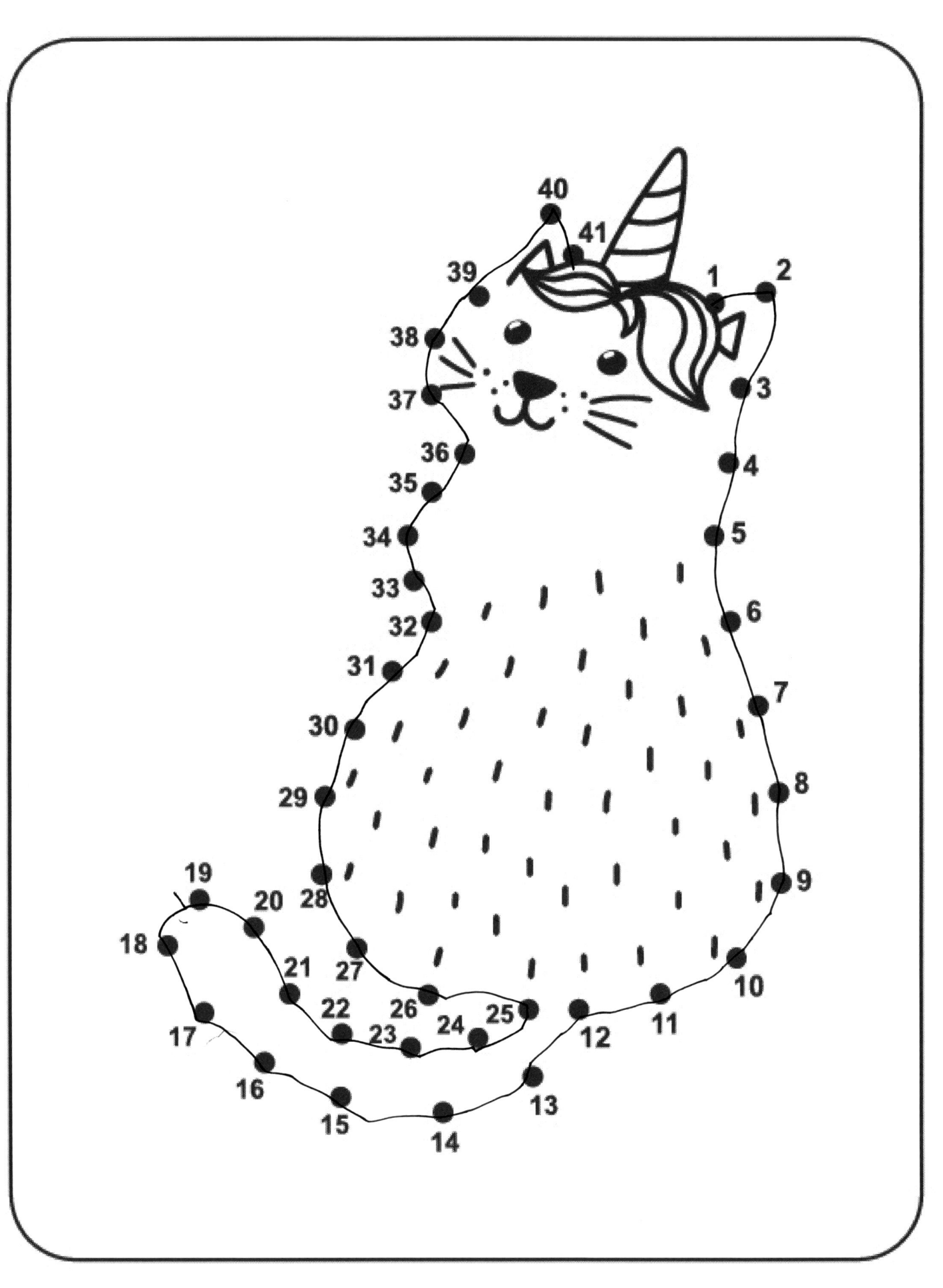

Unicorn Maze

LOOK & FIND
5 Differences

Answer Key

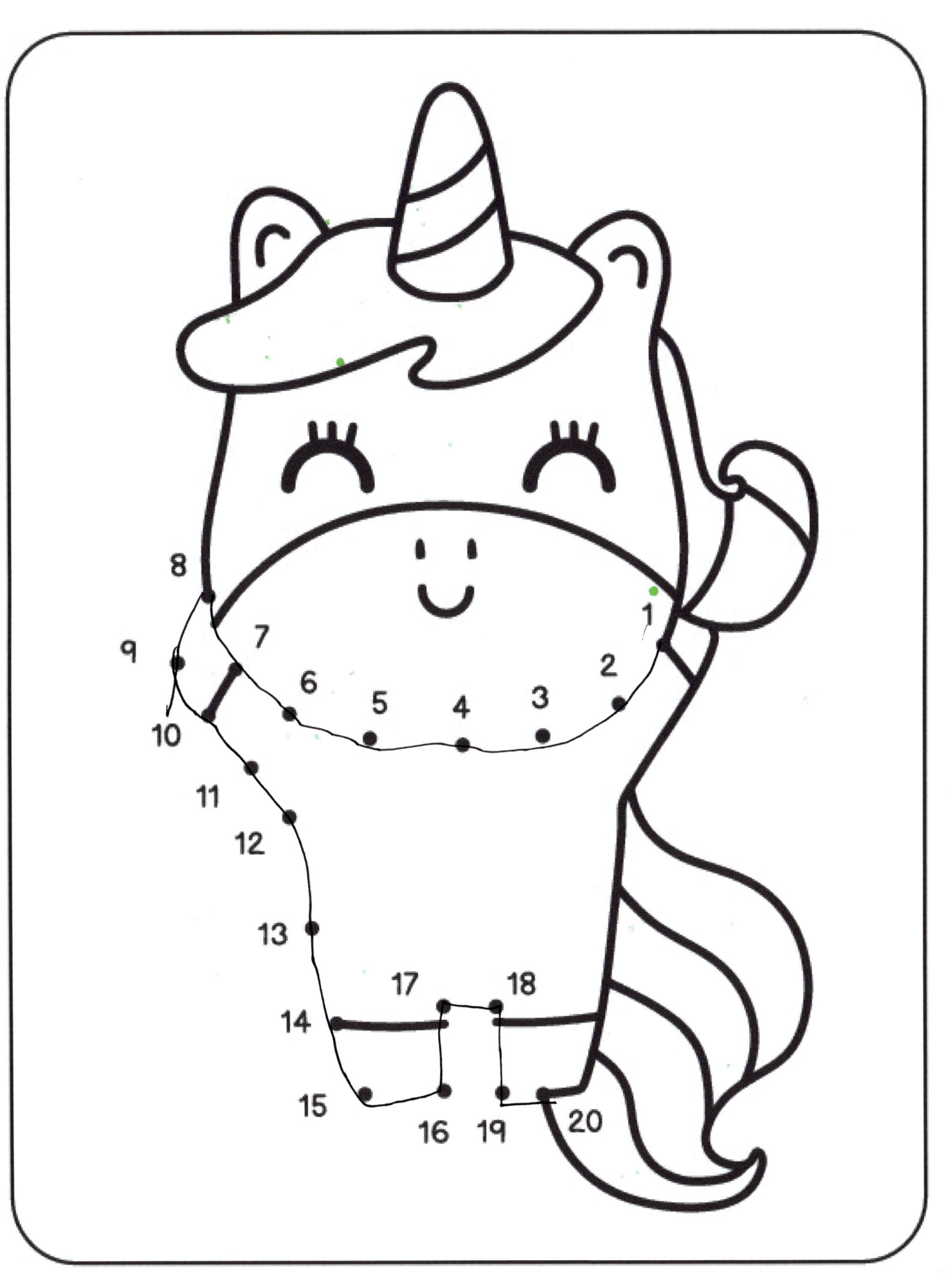

Fruit Word Search

```
Z  Y  U  A  C  A  A  F  S  N
R  A  W  Q  O  S  P  O  R  V
M  I  T  O  C  I  R  P  A  D
E  Z  X  A  O  J  K  B  L  B
L  E  M  O  N  P  R  I  N  E
O  B  O  I  U  A  L  O  V  L
N  A  N  U  T  G  N  U  O  I
O  K  P  E  O  G  N  A  M  Q
I  Y  R  R  E  H  C  W  B  W
B  W  H  O  E  G  N  A  R  O
```

APPLE ✓   APRICOT ✓

BANANA   CHERRY ✓

COCONUT ✓   KIVI

LEMON ✓   MANGO

MELON ✓   ORANGE

PLUM ✓

Cupcake Maze

Animal Word Search

```
D  T  G  T  Y  N  N  U  B  C
I  R  I  O  P  P  I  H  M  S
T  A  O  G  D  N  L  D  O  Q
M  N  W  T  E  B  P  E  U  U
C  R  A  M  A  R  I  E  S  I
Z  A  X  H  O  G  A  R  E  R
E  B  T  X  P  N  I  M  D  R
B  B  K  F  O  E  K  L  I  E
R  I  H  S  I  F  L  E  A  L
A  T  N  O  I  L  H  E  Y  R
```

~~ALIGATOR~~	~~BIRD~~
~~BUNNY~~	~~CAT~~
~~DEER~~	~~DOG~~
ELEPHANT	~~FISH~~
FOX	~~GOAT~~
HIPPO	~~LION~~
MONKEY	~~MOUSE~~
RABBIT	~~SQUIRREL~~
TIGER	ZEBRA

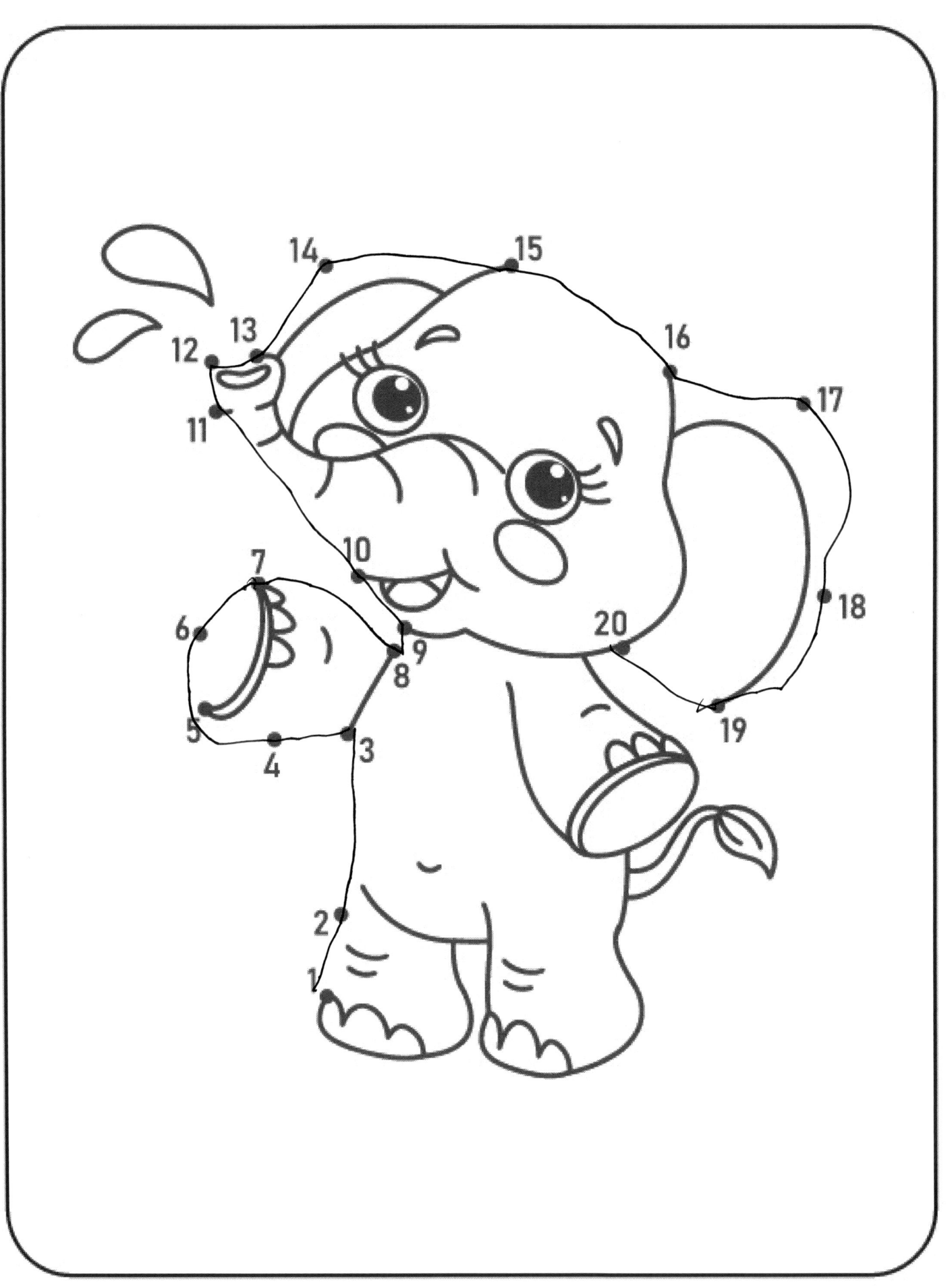

Cupcake Maze

Hi there,

If you enjoyed this coloring book please don't forget to leave a review on Amazon.

Just a simple review will help me a lot.

Thank you,

Aaliyah Wilson

♡

Printed in Great Britain
by Amazon